Un grande libro per imparare!

Evviva La Scuola Materna!

DoReMi

INDICE

CRESCERE E IMPARARE 61

LE USCITE DIDATTICHE 79

INDICE DELLE PAROLE 92

SCOPRI LA SCUOLA

A COSA SERVE LA SCUOLA?

Verso l'età di 3 anni, i bambini vanno alla scuola dell'infanzia dove giocano e imparano tante cose tutti insieme. A scuola, a poco a poco, si diventa grandi.

Quando sono piccoli vanno all'**asilo nido** o stanno a casa con la mamma, il papà, i nonni o la tata.

Ma a 3 anni sanno già lavarsi, parlare e anche correre! È arrivata l'ora di andare alla **scuola dell'infanzia!**

I bambini vanno a scuola per **imparare**: a disegnare, a contare e a esprimersi sempre meglio.

Imparano anche a vivere con gli altri bambini, a **condividere** giochi e attività.

Crescendo, si continua ad andare a scuola per imparare e **capire** sempre più cose.

I tipi di scuola

Una grande scuola in centro città

In questa grande scuola nel cuore della città, ci sono tante classi e tantissimi piccoli studenti. La scuola è circondata da edifici con molte abitazioni dove vivono i bambini con le loro famiglie.

LA PICCOLA SCUOLA DI CAMILLA

Camilla va alla scuola del paesino di montagna in cui abita con lo **scuolabus.**

C'è una **classe unica**, dove vanno tutti i bambini, dall'asilo alla quinta elementare!

È l'ora della **ricreazione!** Dal cortile si sentono i campanacci delle mucche nel prato.

COM'È FATTA UNA SCUOLA DELL'INFANZIA?

Questa è una scuola dell'infanzia: si entra dal grande cancello d'ingresso, c'è il cortile per la ricreazione, il portico per ripararsi quando piove e l'edificio principale con le sezioni dove i bambini svolgono le attività con le maestre.

Ora divertiti!

Osserva attentamente, poi cerca e trova:
una chiocciola - gli uccellini - una lucertola - un fiore

Ci sono tre sezioni nella scuola dell'infanzia, una per i piccoli di **tre anni** d'età, la prima, una per i bimbi di **quattro anni** e l'ultima sezione per i bimbi di **cinque anni,** che è l'ultimo anno della scuola dell'infanzia.

Nella scuola dell'infanzia c'è l'**aula sonno**, dove i bambini più piccoli dormono dopo il pranzo...

...e il **bagno**, dove ci sono tazze di giusta misura per i più piccoli.

Questa è l'aula **mensa** dove i bambini d tutte le classi si incontrano per il pranzo.

Nell'**aula di attività motorie** invece, i bambini fanno attività fisica.

CHI SI OCCUPA DEI PICCOLI STUDENTI?

Per seguire i bambini nell'orario di scuola, lavorano molti adulti. Ognuno ha il suo proprio ruolo da svolgere in modo che i bambini si sentano a loro agio e imparino tante cose!

La **dirigente** della scuola coordina e si assicura che tutto sia ben organizzato.

Il compito del **team dei docenti** è quello di trasmettere l'apprendimento, di insegnare.

Gli **animatori** preparano i materiali per le attività didattiche e aiutano le maestre per tutta la giornata.

I **cuochi** e le **cuoche** preparano i pasti per la mensa e servono ai tavoli.

Nei momenti ludici gli **animatori** giocano con i bambini.

Grazie ai **collaboratori scolastici**, tutte le aule sono sempre pulite e splendenti.

Alcune persone lavorano nella scuola di tanto in tanto.

Quando necessario, l'**insegnante di sostegno** segue i bambini disabili in difficoltà.

Lo **psicologo** si prende cura dei bambini che hanno difficoltà a imparare.

Saltuariamente un **esperto esterno** viene ad insegnare musica.

Quando una maestra è assente per più giorni, arriva un **insegnante supplente** al suo posto.

LA VISITA MEDICA

In alcune scuole il medico viene a fare la **visita medica.**

Il medico **pesa e misura** i bambini per verificare che la crescita sia corretta.

Poi controlla che vedano e sentano bene. Francesco è in **ottima salute!**

IN SEZIONE

La sezione è la stanza in cui i bambini si riuniscono per imparare, giocare e fare le attività con il loro maestro o la loro maestra. A 3, 4 e 5 anni le classi, gli strumenti e le attività sono diverse.

Con i suoi **angoli gioco**, i piccoli tavoli e le sedie adatti ai più piccoli, la sezione dei 3 anni è molto accogliente!

Ora divertiti!

Trova questi oggetti nascosti nella sezione dei 3 anni:

il peluche blu

la pentola rossa

il libro

Nella sezione dei 4 anni, i bambini hanno già fatto un anno di scuola dell'infanzia. Sono cresciuti, e l'aula è organizzata per fare tante cose per conto proprio, **in autonomia!**

Nella sezione dei bimbi di 5 anni, i più grandi, tutto è a predisposto affinché i bimbi possano fare le attività per imparare sempre di più: ci sono meno giochi e più materiali per imparare!

LA SEZIONE DEI 3 ANNI

George ha 3 anni appena compiuti ed è nella **sezione dei 3 anni.** Tiene sempre con sé il suo peluche!

A George piace molto **giocare con la sabbia!**

George sta a scuola soltanto al mattino, poi **torna a casa.** Quando sarà più grande rimarrà a scuola tutto il giorno!

IL PRIMO GIORNO DI SCUOLA

A 3 anni... si comincia! Si torna dalle vacanze e tutti pronti per iniziare, pronti per il primo giorno di scuola!

IL PRIMO GIORNO

Il primo giorno di scuola alcuni si svegliano... troppo presto! Non **vedono l'ora** di andare a scuola!

Altri si svegliano di **malumore:** si stava così bene sotto le coperte!

E c'è invece chi si alza all'ora giusta, e anche di **ottimo umore.**

È molto importante iniziare bene la giornata con una **buona colazione!**

Poi arriva il momento di **prepararsi e vestirsi:** per fortuna c'è la mamma!

Sulla **strada** per la scuola, i bambini sono un po' felici e un po' preoccupati... ma curiosi di scoprire com'è la scuola!

L'ARRIVO A SCUOLA

Finalmente i bambini conoscono **la maestra!** Lei li accoglie e li fa visitare la scuola.

Possono tenere con sé il **peluche** quanto vogliono.

A scuola si sta bene! Le mamme e i papà salutano i loro bambini, si rivedranno all'uscita da scuola!

AL LAVORO!

Ciascun bambino il primo giorno di scuola sceglie cosa fare:

Alcuni iniziano a **giocare** con gli altri bambini.

Altri si siedono ai tavoli con pennelli e pennarelli per **disegnare.** Al lavoro!

I bimbi che non si sentono ancora a loro agio vanno dalla maestra, che li **rassicura.**

Nei giorni successivi tutti i bambini si sentiranno più tranquilli!

UN GIORNO DI SCUOLA

VERSO LA SCUOLA

Ci sono mille modi di recarsi a scuola: con lo scuolabus, in bicicletta, a piedi se abiti vicino alla scuola, in auto se il viaggio è più lungo... E a scuola la maestra è felice di accogliere tutti i bambini!

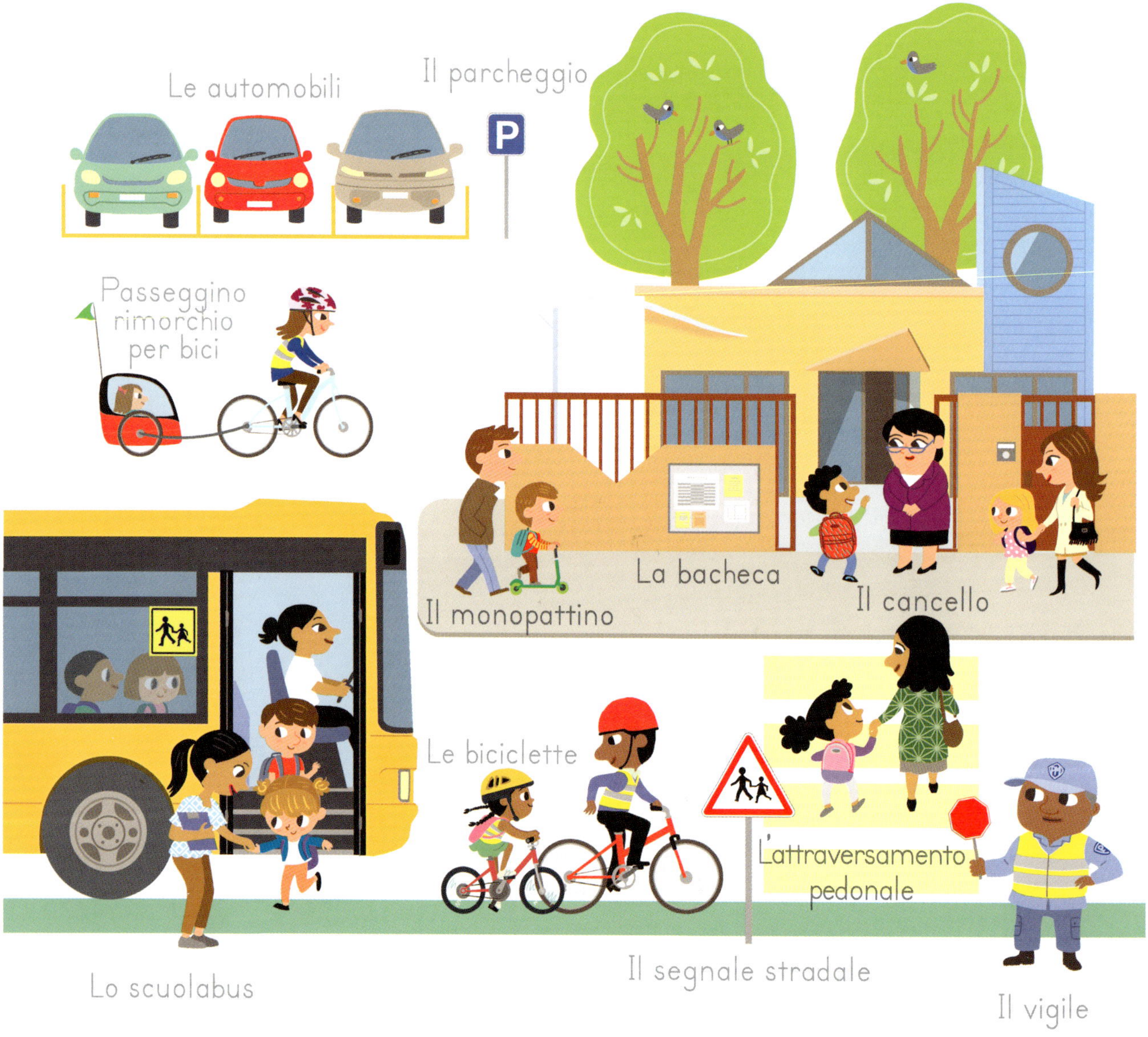

A scuola bisogna rispettare gli orari, non si può entrare e uscire quando si vuole.

Se i genitori vanno al lavoro presto, il **pre scuola** accoglie i bambini prima dell'apertura della scuola.

Al mattino, c'è chi **arriva presto** ed è il primo ad entrare...

...e chi arriva di corsa all'**ultimo momento!**

Il **cancello** della scuola è aperto soltanto negli orari di entrata e uscita. Il resto della giornata resta chiuso.

Una piccola filastrocca per te!

C'è un bimbetto su una mela
ma la mela cade giù
e il bimbetto... aiuto!, vola
fin sul tetto della scuola!

L'INGRESSO A SCUOLA

I bambini entrano in sezione e salutano il maestro o la maestra. Alla scuola dell'infanzia, i genitori possono accompagnare i bambini in aula.

Prima dell'ingresso nell'aula ci sono gli **appendiabiti.** Sopra ad ogni appendiabito c'è un'etichetta con il nome di ciascun bambino.

Si **appende** il cappottino e si indossano le pantofole.

Dopo aver **salutato** la maestra, mamma o papà lasciano i bimbi a scuola.

In sezione ogni bambino ha il permesso di portare con sé il suo **peluche,** che aveva riposto nell'armadietto, per all'ora del pisolino.

Ogni bambino prende la propria **etichetta** con il nome e la mette sulla scrivania della maestra.

I piccoli alunni hanno ognuno il proprio modo di iniziare la giornata!

Alcuni sono impazienti di trovare chi gioca con loro alle **costruzioni**...

Altri si sistemano a un tavolino per **disegnare** o fare un puzzle.

Per alcuni invece serve ancora un po' di tempo... per **svegliarsi** del tutto!

E MENTRE TU SEI A SCUOLA COSA FANNO MAMMA E PAPÀ?

Al mattino, uno dei genitori **accompagna** Elena a scuola. Ma non può restare molto!

Deve andare al lavoro! Mentre Elena è a scuola, i suoi genitori **vanno nelle aziende** in cui lavorano.

Per **tutta la giornata** i suoi genitori lavorano...

E a sera, tutti e tre sono felici di rivedersi a casa e di **raccontarsi** tante cose sulla giornata appena passata!

A SCUOLA AL MATTINO

Molte attività a scuola si ripetono ogni giorno quando inizia la lezione. Queste piccole abitudini quotidiane aiutano i bambini e li rassicurano.

Al **richiamo** della maestra si mettono da parte i giochi, i libri, i pennarelli per disegnare... e tutti si siedono sulle panche.

Chi c'è stamattina? La maestra fa **l'appello,** cioè chiama ogni bambino per nome, e chi sente il suo nome alza la mano. Alla fine si contano i bambini assenti e quelli presenti.

Che giorno è oggi? Ogni mattina, utilizzando il **calendario**, un bambino indica la data.

Che tempo fa oggi? Il cielo è nuvoloso o c'è il sole? È il momento del **meteo!**

A scuola si imparano molte nuove filastrocche. Che piacere recitarle tutti insieme e fare i gesti allo stesso tempo!

La maestra insegna i gesti.

I bambini la imitano ripetendoli.

Filastrocca

1. Mister pollice e signora sono all'asciutto

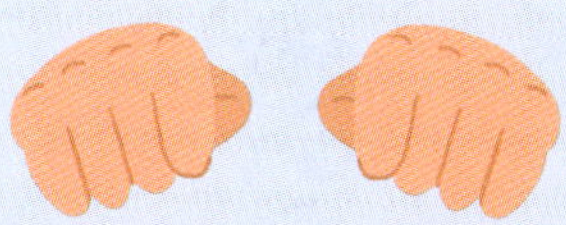

2. Guardano in su la pioggia che vien giù

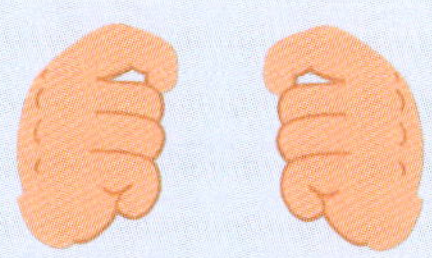

3. Vien giù la pioggia sul praticello

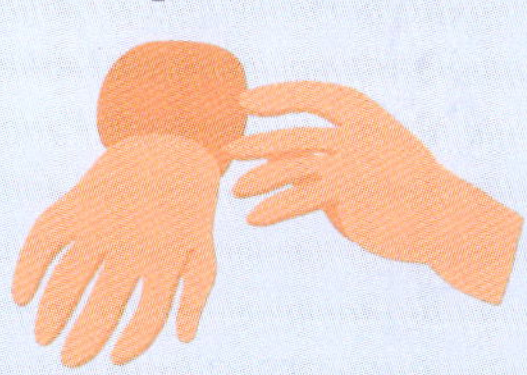

4. Sull'autostrada la pioggia vien giù...

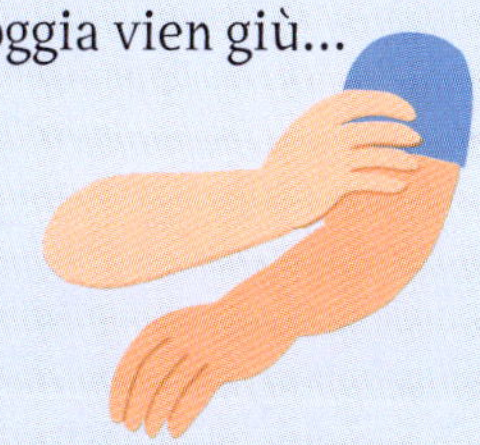

5. E tutti scappano sotto l'ombrello!

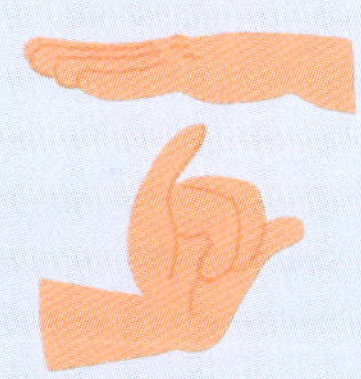

Ora divertiti!

LE ATTIVITÀ MATTUTINE

Si comincia! I bambini sono pronti a mettersi al lavoro! Ascoltare attentamente tutto quello che dice la maestra è importantissimo!

LABORATORIO DI LETTURA

Questi bambini **raccontano** la fiaba di Cappuccetto Rosso e devono mettere le immagini della fiaba nell'ordine giusto.

ATTIVITÀ GRAFICO-MANUALI

Sono attività che ai bambini piacciono tanto e sono molto utili per **controllare la penna**.

ATTIVITÀ DI MOTRICITÀ FINE (INFILATURA DI PERLINE)

I piccoli studenti devono concentrarsi per **infilare** le perline nell'ordine giusto, come sul modello indicato.

Ed ecco il **laboratorio grafico-pittorico!** Protetti dai loro grembiuli, i bambini dipingono su grandi fogli sistemati sui cavalletti.

Per spiegare meglio, la maestra a volte usa immagini **con simboli.** A poco a poco, i bambini imparano a riconoscerli e a usarli.

Per questa attività, si usano le **forbici** e la **colla.**

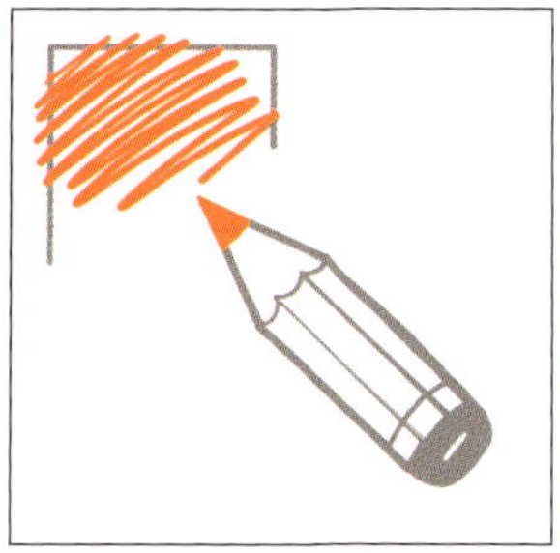

Qui, si deve **colorare** con i pastelli...

...e qui si **scrive** una parola copiando.

Niente paura! Se qualcuno non ha capito basta **alzare la mano** e arriva la maestra!

A volte il compito è un po' difficile, ma alla fine dobbiamo sempre essere **orgogliosi** di ciò che siamo riusciti a fare!

Quando si finisce, si **mette** il proprio lavoro nello spazio personale nell'armadietto...

...e gli strumenti usati al **loro posto.**

AL BAGNO

Spesso durante la giornata i bambini devono andare in bagno. A scuola si impara anche questo: a essere puliti e a imparare a fare tante cose come i grandi!

ALCUNE REGOLE IN BAGNO:

È vietato salire sui lavandini. È pericoloso!

Vietato spruzzarsi e giocare con l'acqua!

In qualsiasi momento durante la giornata abbiamo il diritto di andare in bagno.

VESTIRSI

Prima di uscire, ci sono alcune cose da non dimenticare.

A scuola, impariamo a **indossare** e a chiudere il cappotto. È importante saperlo fare da soli!

Non si esce con le **pantofole** nel parco giochi! Le pantofole si usano soltanto dentro la scuola.

Sei capace a mettere le **scarpe?** Fai attenzione a non metterle nel piede sbagliato!

Quando abbiamo finito di vestirci, possiamo **aiutare** i nostri amici!

In inverno fa **freddo!** Prima di uscire bisogna mettere sciarpa, cappello e guanti.

Bene, eccoli **ben coperti** che giocano nel parco giochi.

LA RICREAZIONE: SI GIOCA!

Evviva la ricreazione! Che bellezza, si può correre e giocare, andare sul triciclo o sul monopattino. Ma anche confidarsi i segreti seduti sulle panchine o nella casetta.

I GIOCHI DURANTE LA RICREAZIONE...

Si **gioca** con gli amici: il girotondo, a prendersi... o un gioco inventato!

Si gioca sullo **scivolo**: a turno ogni bambino scende giù!

...E QUALCHE PROBLEMINO!

Litigare non serve a nulla! È meglio parlare con calma e spiegarsi.

Se qualche bambino **sta in disparte,** la maestra lo aiuta a raggiungere gli altri compagni.

SI TORNA IN SEZIONE!

La ricreazione è divertente, ma quando la maestra chiama, è ora di **tornare in sezione.**

I bambini, per mano in fila per due, **si calmano** e rientrano a scuola.

EVVIVA LO SPORT!

Nell'aula di attività motorie, si impara a usare e a conoscere bene il proprio corpo e i movimenti: stare in equilibrio, saltare, lanciare o prendere oggetti. Non è facile, bisogna concentrarsi e impegnarsi!

Per non farti male, è molto importante **riscaldare i muscoli** di braccia, collo, spalle...

Anche lanciare gli anelli non è facile! Bisogna **mirare bene,** e ci vuole molto esercizio per centrare la cassa.

È divertente questa danza a **ritmo di musica!** I bambini si dondolano, alzano le mani e battono i piedi.

Nel gioco della tartaruga, un bambino cerca di rovesciare l'altro che fa la tartaruga rispettando le regole e stando sempre attenti a **non farsi male!**

È un gioco in cui bisogna correre veloci trasportando oggetti cercando di non farsi prendere!

Il percorso

Sul percorso, i bambini, a turno, si arrampicano, saltano, camminano in equilibrio... le maestre sono lì per incoraggiarli e aiutarli.

Trova nell'immagine sopra:

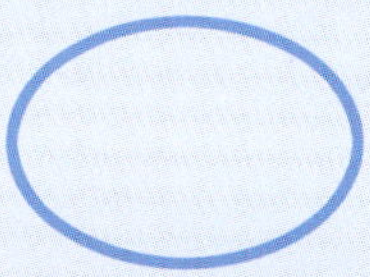

un cerchio blu

la trave gialla

Camminare carponi

la bambina che fa una capriola

È ORA DI PRANZO!

Alcuni bambini tornano a casa a mangiare in famiglia, ma molti si fermano in mensa. Buon appetito a tutti!

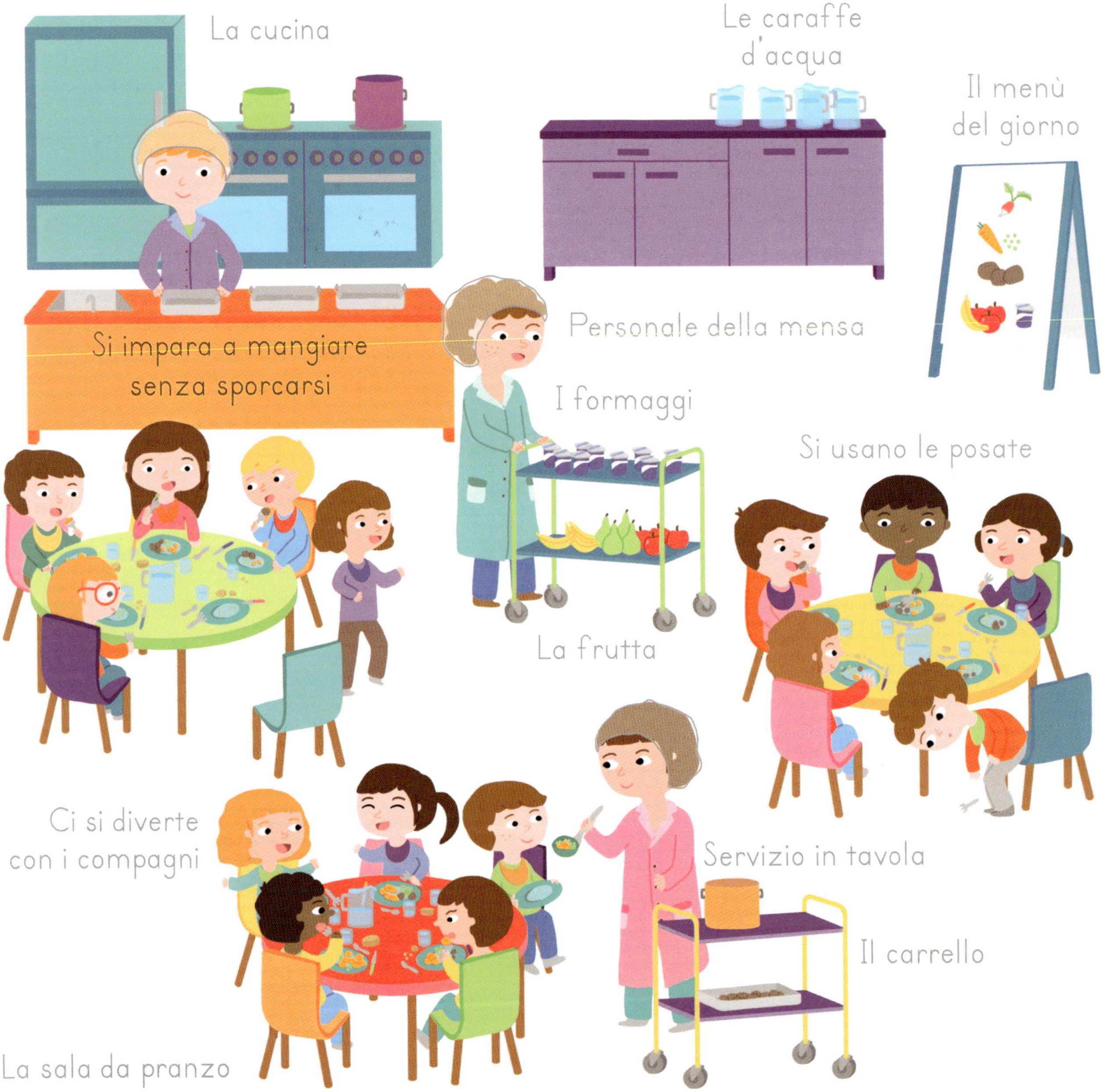

IL PRANZO DI SACHA

Sacha non dimentica mai di **lavarsi le mani** prima di pranzare: serve a rimuovere i germi!

Ecco il menu del giorno. Gnam!
A Sacha **piacerà.**

Se le serve un aiuto Sacha usa le parole magiche: "**per favore**" e "**grazie**".

Oggi Sacha è a tavola **accanto** a Martino, il suo migliore amico!

Oh! Sacha ha **rovesciato** il bicchiere d'acqua! Beh, soltanto... un piccolo disastro!

Alla mensa, Sacha mangia un po' di tutto e **assaggia volentieri** i piatti che non conosce!

Salato o dolce?

Dai un'occhiata a questi cibi e indica prima tutto ciò che è salato, poi tutto ciò che è dolce.

Qual è il cibo che preferisci?

Risposte: salato: B, E, F, I, J; dolce: A, C, D, G, H.

L'ORA DEL RIPOSINO

Dopo pranzo, è l'ora del riposino. I bimbi più piccoli hanno bisogno di dormire un po' per recuperare energia.

PERCHÉ SI FA IL RIPOSINO?

Quando sei piccolo, hai bisogno di dormire molto per essere sempre **in forma**, imparare e crescere bene.

Anche se non riesci a dormire, serve comunque **riposare** un po'. Ed è importante lasciar dormire chi ha sonno!

E QUANDO AVRAI 4 O 5 ANNI?

Per i bambini delle sezioni di 4 o 5 anni non è necessario fare il riposino, è sufficiente un po' di riposo. Per esempio **ascoltando musica...**

...o con una bella **fiaba!** È un momento tranquillo e piacevole.

Poi si ricomincia **a imparare,** scrivendo o facendo conticini!

L'ANGOLO LETTURA

Dopo le **attività** del pomeriggio, la maestra riunisce i bambini nell'angolo lettura e legge una storia o un libro sul tema del progetto di classe.

QUANTI LIBRI!

Fiabe, favole, storie... Si incontrano lupi, giganti, fate e streghe...

Negli album, gli autori raccontano storie disegnate da illustratori.

In questi libri scientifici troviamo informazioni su animali, cultura e paesi del mondo...

Facciamo il punto dei lavori della giornata: cosa abbiamo fatto? Cosa abbiamo imparato?

Un bambino spiega agli altri bambini le attività fatte e come possono essere migliorate.

Se vuoi parlare e partecipare, alzi la mano e gli altri tacciono per ascoltare.

Chi è un po' timido fatica a parlare di fronte agli altri, ma la maestra ci incoraggia.

Rime e filastrocche per concludere la giornata

Chi si nasconde dietro la mia schiena?
Le mie manine... birichine.
Chi si nasconde nelle manine?
Le mie piccole dita birichine.
Chi si nasconde nella mia bocca?
È una lingua che si muove.
Chi si nasconde nelle scarpine
Son due piedini, non sono manine!

L'USCITA

La giornata a scuola è finita. I genitori, i nonni o la tata vengono a prendere i bambini. Ciao, maestra… a domani!

La maestra chiama i bambini uno per uno. Ci piace la scuola, ma… finalmente **si va a casa!**

Gnam! Una **merenda** è quello che ci vuole, che bontà!

Alcuni bambini raccontano tutto, non smettono di **parlare** un istante!

E altri non dicono **nulla.** Non importa, non è obbligatorio raccontare tutto!

È bello far vedere alla mamma i **preziosi lavoretti** fatti!

Ma dopo la scuola, c'è bisogno di giocare e **riposare** un po'!

COSA FA LA MAESTRA DOPO L'USCITA DEI BAMBINI?

Quando i bambini vanno a casa la maestra ha ancora lavoro da sbrigare: **appendere** i disegni sulle vetrate della classe affinché tutti possano vederli.

Spesso ci sono **riunioni** con il team al completo per discutere di alunni e progetti.

Prepara il materiale per le lezioni del giorno successivo.

Con una collega, sistema i percorsi nella sala delle **attività motorie.**

L'INSEGNANTE VIVE A SCUOLA?

Cosa fa la maestra quando ha finito il suo lavoro? Si ritrova con i suoi colleghi per la **cena**?

Si fa un **pisolino** in classe... sotto la sua scrivania?

Niente affatto! Come tutti, la maestra **torna a casa** dalla sua famiglia!

IL POST SCUOLA

Quando i genitori lavorano fino a sera, i bambini rimangono a scuola. È tempo di far merenda, giocare fuori o dentro aspettando mamma o papà!

Aspettando che arrivino i genitori si fanno molte attività divertenti.

...si imparano abilità da **giocolieri** o da veri acrobati da circo...

...oppure ci si diverte a far **capriole,** rotolare, ballare...

...oppure si scoprono nuovi **giochi da tavolo** con i compagni.

Il tempo vola ed ecco che arrivano le **mamme e i papà.** Evviva, tutti a casa!

Finalmente a casa si chiacchiera, ci si lava e si fa cena... prima di andare nel lettino a far la **nanna**!

Vuoi essere leggero come una farfalla?

1. Ci si siede sul pavimento, si piegano le ginocchia posizionano le piante dei piedi l'una contro l'altra e tenendo la schiena ben diritta.

2. Muovi su e giù lentamente le ginocchia reggendo i piedi con le mani: ecco la farfalla e la mosca!

3. Adesso piega le ginocchia contro il petto, metti la testa in grembo e metti le braccia attorno alle gambe: la farfalla si è addormentata!

A SCUOLA CON GLI ALTRI BAMBINI

LE REGOLE DELLA VITA SCOLASTICA E IN CLASSE

Per vivere insieme a scuola e sentirsi a proprio agio, alcune regole sono fondamentali. Senza regole, infatti, sarebbe il caos! Le regole proteggono i bambini.

IN SEZIONE È VIETATO

Litigare, spingere e far male ad altri bambini.

Interrompere un bambino che parla, ascoltiamolo e **aspettiamo** il nostro turno.

Fare rumore e **parlare ad alta voce** durante le attività. Disturba gli altri bambini.

Gettare le carte a terra. Il loro posto è la pattumiera. Un'aula pulita è più bella!

Rovinare libri e giochi della scuola. È importante rispettare i materiali scolastici.

Correre in classe o nei corridoi.

COSA SI PUÒ FARE...

Giocare durante la ricreazione. Bisogna però fermarsi quando la maestra lo chiede.

Sbagliare e **fare domande** per correggersi. Se servono spiegazioni, si alza la mano.

Correre e urlare nel parco giochi. È un buon momento per sfogarsi!

E COSA SI DEVE FARE

Aver cura del materiale di classe e riporlo al suo posto quando si ha finito di usarlo.

Ascoltare attentamente le istruzioni della maestra, lavorare con calma, parlare a bassa voce per non disturbare gli altri.

Essere educato con adulti e bambini, non dire parolacce e soprattutto dire alcune paroline magiche come "per favore" e "grazie".

Per ogni situazione, scegli l'immagine che mostra il comportamento giusto.

in cortile

A.

B.

in fila

C.

D.

Ora divertiti!

Risposte: B e D.

PICCOLI MA RESPONSABILI!

Ciascun allievo, a rotazione, ha una responsabilità: partecipando alle responsabilità si impara a cavarsela da soli e a diventare sempre più autonomi.

All'inizio di ogni settimana, la maestra dà agli studenti le loro nuove **responsabilità**.

I **capofila** stanno davanti e aprono le porte quando la classe si muove.

I **responsabili dello sport** aiutano la maestra a installare e riporre le attrezzature sportive.

I **responsabili dei materiali didattici** li distribuiscono e alla fine delle attività aiutano a pulire e riordinare.

Il **responsabile della biblioteca** è responsabile della conservazione di libri e riviste.

Il **responsabile della pulizia** cancella alla lavagna, raccoglie le carte e le mette nei contenitori.

EVVIVA GLI AMICI!

Spesso è proprio alla scuola dell'infanzia che si incontrano i primi amici. Ci piace rivederli ogni mattina e giocare con loro.

Quando hai un buon amico, sei sempre felice di rivederlo.

Con un amico, ci sono sempre mille segreti da raccontarsi.

Che piacere divertirsi con un gruppo di amici e amiche!

Quando qualcosa non va, ti senti meglio se un amico ti sta vicino.

Con gli amici spesso dispiace lasciarsi alla fine della giornata.

A volte si incontrano compagni di scuola nel **parco** giochi del quartiere.

...e accogliere i nostri amici per giocare e fare una buona **merenda**.

Spesso non dura a lungo, è meglio far **subito pace!**

Per la festa del nostro compleanno, siamo felici di dare i **biglietti d'invito** a tanti amici...

Capita di **discutere** o **litigare** con il nostro amico, e questo ci rattrista.

A volte basta giocare con **altri bambini**.

CAMBIARE SCUOLA

Tom andrà ad **abitare in un'altra città**. È triste perché lascia la sua maestra e i suoi compagni.

La sua nuova maestra lo presenta ai nuovi compagni. Gli sono **simpatici!**

Tom si abitua subito alla sua **nuova scuola** e si fa tanti amici.

I MOMENTI PREFERITI

A scuola capita spesso di sentirsi contenti e soddisfatti. E ognuno ha i suoi momenti preferiti della giornata.

Quando si è **impegnati**, si ha fretta di mostrare il nostro lavoro alla maestra...

...e siamo molto orgogliosi quando si **congratula** con noi per aver fatto bene.

Alcuni lavori sono speciali per fare una **sorpresa** a mamma e papà!

A volte vogliamo veder **contenta** la maestra e le facciamo un bel regalo.

Quando abbiamo un **fidanzato**, è bello stare con lui e tenersi per mano.

A volte siamo un po' timidi nel recitare una poesia di fronte a tutti i compagni. Ma poi siamo **orgogliosi** di averlo fatto!

OGNUNO HA I SUOI MOMENTI PREFERITI

nell'aula delle **attività motorie**, quando è il nostro turno per creare il nuovo percorso.

il pranzo in mensa, in particolare c'è il nostro **menù preferito**.

la ricreazione, perché ci sono sempre cose nuove da **scoprire**.

il laboratorio di pittura, quando realizziamo un **bel disegno** per decorare la classe.

il giorno in cui portiamo a casa il coniglietto dalla classe. Che **responsabilità**!

il giorno della **foto di classe**. Ci facciamo belli per l'occasione: è un bellissimo ricordo!

PROBLEMINI

A volte a scuola ci sono momenti più difficili, piccoli problemi, ma dolorosi. Ma c'è sempre una soluzione!

All'inizio dell'anno, alcuni bambini soffrono a **separarsi** da mamma o papà. Pian piano, gradualmente, si abitueranno.

A volte non puoi scegliere l'angolo di gioco che vuoi perché ci sono già troppi bambini. Sarà per la **prossima volta!**

Fare qualche **stupidaggine...** beh, succede! Lo diciamo alla maestra e lei risolverà...

Non ci piace essere **sgridati** e puniti. La maestra ci sgrida se facciamo qualcosa che non si deve fare.

Se altri bambini ti **deridono,** dillo subito alla maestra, lei ti aiuterà.

A volte non capiamo bene. La maestra è lì per **spiegarci** finché non abbiamo capito!

Può succedere di farsi la **pipì addosso...** se ti dimentichi di chiedere di andare in bagno o se sei stanco. Non è piacevole!

Se un bambino **sta poco bene**, la maestra lo tranquillizza e lo fa riposare.

Ahi, che male! Marco **è caduto** dalla bicicletta e sanguina un po' dal ginocchio.

La maestra è lì per aiutare i bambini a cambiarsi. Con i **vestiti asciutti**, ci si sente già meglio!

Oppure chiama i genitori che lo **portano dal medico**.

La maestra **disinfetta** bene la ferita e la protegge con una benda. Ora va meglio!

PIDOCCHI A SCUOLA!

Lalla si gratta la testa da quando è tornata da scuola. Saranno i **pidocchi**?

Arrivate a casa la sua mamma le fa uno **shampoo tutto speciale.**

Con un pettine a denti molto stretti, rimuove tutto: **lendini** e pidocchi!

Poi **lava** e **disinfetta** lenzuola, coperte, vestiti e berretti.

LA FESTA DEI COMPLEANNI

Una volta al mese a scuola si fa la festa dei compleanni. Si preparano le torte tutti insieme prima di mangiarsele!

Prima di iniziare, l'insegnante mette gli **ingredienti** e gli utensili sul tavolo.

La maestra legge ad alta voce tutti i passaggi della **ricetta**. Poi si comincia, e tutti partecipano.

Un bambino rompe le **uova** nella ciotola, un altro pesa la **farina**.

Quando tutti gli ingredienti sono incorporati, si mescola bene con la **frusta**.

Quindi versa l'impasto pastella in uno **stampo** ben imburrato...

...e tutto ciò che resta da fare è **cuocerla** in forno e mangiarla!

Prepara una deliziosa torta allo yogurt con l'aiuto di un adulto.

Ingredienti:

- *vasetto di yogurt bianco naturale*
- *vasetti di yogurt di zucchero*
- *3 uova*
- *3 vasetti di yogurt di farina*
- *½ vasetto di yogurt di olio*
- *1 bustina di lievito per dolci*

1. Versa lo yogurt in una ciotola, quindi aggiungi le uova, lo zucchero, la farina, il lievito e l'olio. Non dimenticare di mescolare bene a ogni passaggio.

2. Versa l'impasto in una teglia imburrata e chiedi a mamma o papà di cuocerla per 30 minuti in forno a 180 °C.

3. Ed ecco una golosissima torta profumata! Lasciala raffreddare e condividila con i tuoi ospiti.

Ora divertiti!

BAMBINI DISABILI

Spesso alla scuola dell'infanzia vengono accolti bambini con difficoltà. Sia che abbiano una disabilità fisica, mentale o che abbiano difficoltà a comunicare, a scuola c'è sempre un posto per loro!

ALCUNI BAMBINI NON STANNO A SCUOLA TUTTO IL GIORNO

A volte hanno bisogno di cure speciali, così escono per recarsi dal **fisioterapista**, per esempio.

I bambini disabili escono sovente anche per fare visite dal **medico**, che verifica che vada tutto bene.

ALCUNE SCUOLE SONO PERFETTAMENTE ADATTATE PER BAMBINI AUTISTICI:

In classe, bambini sono in pochi perché devono essere **più seguiti** e progredire con i loro ritmi.

Sono seguiti da una **équipe** di insegnanti e professionisti, per esempio fisioterapisti, psicologi, logopedisti e psicomotricisti.

Alcuni bimbi disabili partecipano alle attività con gli altri bambini: è importante che tutti i bambini **stiano insieme** e si rispettino.

COME AIUTARE I BAMBINI DISABILI A SCUOLA?

Ecco alcuni strumenti che li aiutano.

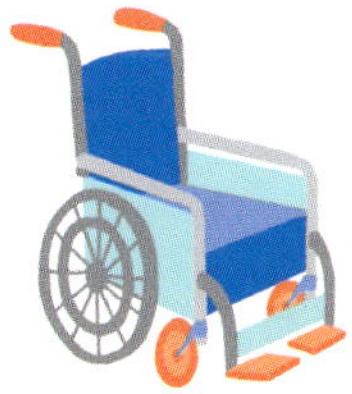

La sedia a rotelle consente di muoversi ai bambini che **non possono** camminare.

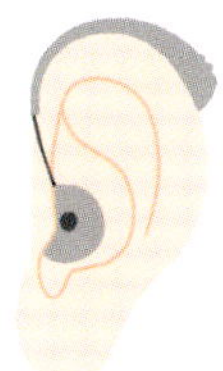

L'apparecchio acustico amplifica il suono per i bambini con **difficoltà uditive**.

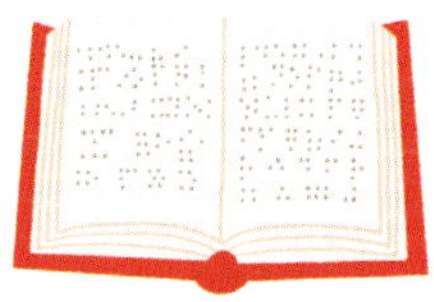

Per i bambini **non vedenti**, ci sono libri dove le parole da leggere sono sostituite da piccoli punti in rilievo da sentire con le dita.

CRESCERE E IMPARARE

DIVENTARE GRANDI, DIVENTARE AUTONOMI

A scuola si scoprono cose nuove e, a poco a poco, si impara a essere indipendenti e autonomi. Per crescere dobbiamo essere indipendenti dai nostri genitori e fare sempre più cose da soli.

Al **mattino** quando arriviamo, dobbiamo:

appendere la giacca sull'appendiabiti, **mettere** le scarpe nell'armadietto e **indossare** le pantofole.

salutare mamma e papà **senza piangere**, torneranno alla fine della giornata di scuola.

riconoscere la propria etichetta con il nome tra quelle con i nomi i nomi degli altri bambini.

Durante le **attività**, dobbiamo:

prendere i materiali e gli strumenti di che ci servono e metterci al lavoro.

aiutare la maestra a ritirare gli utensili, **lavare** i pennelli nel lavandino, **togliere** il grembiule da solo...

essere il più possibile **indipendenti** durante le attività!

Quando arrivano nella sezione dei 5 anni, i bambini sono cresciuti!

CHE BELLO CRESCERE!

Vai in **bicicletta** senza le rotelle.

Sai scegliere i **vestiti** giusti a seconda del tempo.

Ti **addormenti** da solo senza fare storie.

SCRIVERE LE PRIME PAROLINE

Alla scuola dell'infanzia si impara a parlare sempre meglio. A poco a poco, si inizia a riconoscere le lettere e poi le prime paroline.

La maestra ci insegna a fare **frasi** sempre più lunghe per raccontare ciò che abbiamo fatto.

Impariamo **nuove parole** e come usarle correttamente.

Non abbiamo più paura di **parlare** di fronte agli altri. Con i teatrini e le recite a scuola, ci siamo abituati!

Si impara a scrivere bene alle scuole elementari, ora si fanno attività di **pregrafismo**: linee diritte, cerchi e anelli... copiando dagli esempi che ti dà la maestra.

A poco a poco, si impara a scrivere il proprio **nome** e poi anche altre parole.

Nella sezione dei 5 anni si inizia a imparare a **scrivere** le prime paroline!

La maestra ci legge spesso **storie** e scopriamo personaggi, luoghi, culture antiche e nuove. Presto impareremo a leggere da soli!

Con i **libri** scopriamo il mondo che ci circonda e impariamo tante cose!

Ma per leggere e scrivere, bisogna prima conoscere le 26 lettere dell'**alfabeto.**

Nella sezione dei 5 anni, impariamo ad ascoltare i **suoni** delle lettere e a unirli in sillabe.

Sappiamo così **riconoscere** alcune parole...

La canzone dell'alfabeto

(sulle note di *Ah! ti dirò mamma!* di Mozart

La trovi qui! https://www.youtube.com/watch?v=5Vsj994x1I4)

ABCDEFG

HIJ KL MNOP

QRSTUV

WXYZ

Ora so il mio ABC...

Spero che anche tu lo canterai così!

Ora divertiti!

IL MONDO E IL TEMPO

Per capire il mondo che ci circonda, dobbiamo orientarci nei momenti della giornata, nei giorni della settimana, nelle stagioni.

Al **mattino** si fa colazione e poi... via a scuola!

All'**ora di pranzo** si fa una pausa. Bisogna mangiare per continuare a studiare!

Nel **pomeriggio** si fanno nuove attività, poi la maestra legge una storia: fra poco si va a casa!

Andiamo a scuola **5 giorni** alla settimana: lunedì, martedì, mercoledì, giovedì e venerdì.

Sabato e domenica si sta a casa, in famiglia per riposare, divertirsi, uscire!

NELL'ANNO CI SONO 4 STAGIONI CHE SI SUSSEGUONO, UNA DOPO L'ALTRA.

L'autunno è la stagione in cui si ritorna a scuola. Le foglie iniziano a cadere dagli alberi.

Arriva **l'inverno.** Copriti bene perché fa freddo e scende la neve!

La **primavera** è arrivata. Gli alberi sono in fiore e cinguettano gli uccellini.

Fa molto caldo **d'estate.** Puoi indossare abiti leggeri.

EVVIVA LE VACANZE!

Durante l'anno scolastico ci sono le vacanze per riposare: vacanze brevi, come le vacanze di **Natale**...

...o le vacanze di **Pasqua**. Poi si torna a scuola.

L'estate è il periodo delle **vacanze estive,** prima di passare alla classe successiva. Andiamo in montagna con i nonni e al mare con mamma e papà!

IL PICCOLO MONDO DELLA SCUOLA

Impariamo a muoverci in classe e nella scuola, a conoscere i diversi luoghi, a sapere dove sono gli oggetti e le persone.

Biscotto, la mascotte di sezione, è scomparso!
Aiuta i bambini a seguire le sue tracce attraverso tutti i posti in cui è stato!

POSIZIONI NELLO SPAZIO

Il capofila è **davanti** agli altri bambini. Chi c'è dietro?

La bambina è in **fondo** allo scivolo. Indica chi è di **sopra**.

Il bambino è **dentro** il cerchio. Mostra la bambina **fuori** dal cerchio.

COME CI SI COMPORTA QUANDO SI ESCE NEL QUARTIERE:

Si cammina in fila sul **marciapiede**.

Si passa davanti ai **negozi** del quartiere e si saluta il panettiere.

Si deve stare molto attenti e si attraversa la strada sui **passaggi pedonali**.

Adesso cerca e trova...

il libro sopra la scrivania

La bicicletta sotto il portico

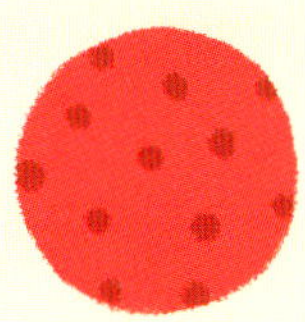

la palla vicino alle scale

EVVIVA LA MATEMATICA!

È alla scuola dell'infanzia che cominciamo a conoscere i numeri, a contare, a scrivere e a conoscere le forme. Imparare è divertente!

1, 2, 3... impariamo **i numeri** in sequenza, sempre di più! Li ripetiamo fino a 10, 20, 30! E tu fino a che numero sai contare?

Contiamo gli oggetti: quante automobiline ci sono?

Non è così facile imparare a **scrivere** i numeri! Proviamo e riproviamo copiandoli.

Con il gioco dell'abaco contiamo e **suddividiamo** per colore: blu, rosso, verde, giallo.

Queste sono le **forme**: cerchi, quadrati, rettangoli e triangoli. Impariamo a riconoscerle e a raggrupparle.

Con il tangram riflettiamo e ci divertiamo! Scegliamo le tavolette giuste per comporre le **figure** che ci piacciono!

Quanti piatti ci sono sulla tavola?

Trova tutto ciò che è rotondo nell'immagine.

Filastrocca delle uova

1, 2,
Ho deposto 2 ovetti,
dice la gallina blu.

1, 2, 3, 4, 5, 6, 7,
Altre 5 e sono 7,
non di meno, non di più!

1, 2, 3, 4, 5, 6, 7, 8, 9!
Più altre 2 e sono...
Non lo sai?
Contale tu!

Filastrocca

SCOPRI IL MONDO CHE VIVE!

Ospitare un piccolo animale in sezione o coltivare piantine nel giardino della scuola è divertentissimo e si imparano tante cose!

Prendersi cura di un **animaletto** è un impegno importante.

IL GIARDINO A SCUOLA

Si inizia **piantando** semi nel terreno: semi di ravanello, piselli...

L'orto va curato, per esempio va **bagnato** con l'acqua regolarmente.

Le verdure **coltivate** da noi sono cresciute bene!

SI PUÒ COLTIVARE UNA PIANTINA ANCHE IN SEZIONE:

Si può piantare e far crescere un seme di fagiolo in un barattolo di vetro...

...o far fiorire un giacinto in un piccolo vaso decorato a scuola! Sarebbe un regalo bellissimo da portare a casa!

Cerca gli intrusi

Alcuni cibi qui sotto non sono certo adatti al criceto. Quali sono?

la carota | lo yogurt | la mela | il cioccolato | il ravanello | il mangime per criceti | le caramelle

Ora divertiti!

Risposte: lo yogurt, il cioccolato, le caramelle.

PICCOLI ARTISTI!

Bastano fogli, colori, forbici e colla... per creare meravigliose opere d'arte! E perché non organizzare una mostra per i genitori?

Ecco un piccolo artista al lavoro... **Disegna** un bel ritratto!

Se si seguono le istruzioni della maestra... è facile! Si divide il foglio con delle linee e si riempiono gli spazi con colori diversi: un **quadro** speciale.

Un **collage** con carta velina di diversi colori... ed ecco un'opera bellissima!

Impariamo anche a **creare**: ecco un bel biglietto d'auguri di buon anno e anche una...

...preziosissima corona da regina da indossare con mol- orgoglio.

Scopriamo le opere dei grandi artisti
e dipingiamo come loro!

Come faceva **Kandinsky**, disegniamo cerchi di colori diversi uno dentro l'altro.

Come **Matisse**, ritagliamo sagome di pesci, alghe e meduse e le incolliamo nel mare blu.

LA MOSTRA PER I GENITORI

Il giorno della mostra, tutte le famiglie sono invitate a scuola a visitare l'esposizione.

Che gioia per i genitori visitare la bellissima mostra...

...e i bambini sono orgogliosi di presentare i loro lavori!

TUTTO È MUSICA!

La musica è bellissima! Alla lezione di musica ogni giorno si scoprono gli strumenti musicali ascoltando i CD!

Ora divertiti!

Costruisci le Maracas

Cosa ti serve

- *un tubo di cartone (rotolo di carta igienica)*
- *lenticchie*
- *cucitrice*
- *stickers*
- *pennarelli, tempere o i colori che vuoi*

1. Schiaccia un'estremità del rullo e pinzarla con la cucitrice.

2. Riempi il rotolo con le lenticchie.

3. Chiudi il tubo con la cucitrice.

4. Decora e colora come preferisci con pennarelli e stickers.

Impariamo a riprodurre i **ritmi** battendo le mani.

Suoniamo con **piccoli strumenti:** claves, maracas e tamburello.

Per finire la lezione, **ascoltiamo** il chitarrista che canta accompagnandosi con la chitarra.

Alla fine dell'anno, sarà organizzato uno **spettacolo** fatto dai bambini per i genitori!

Che bel concerto, e quanti applausi. **Bravi bambini!**

CONOSCI QUESTI PICCOLI STRUMENTI?

sonaglio ritmico

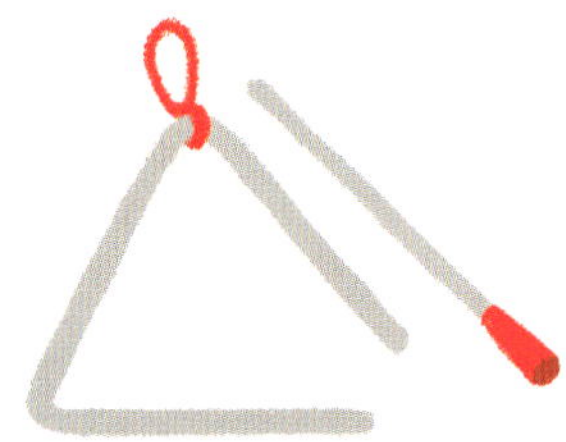

triangolo

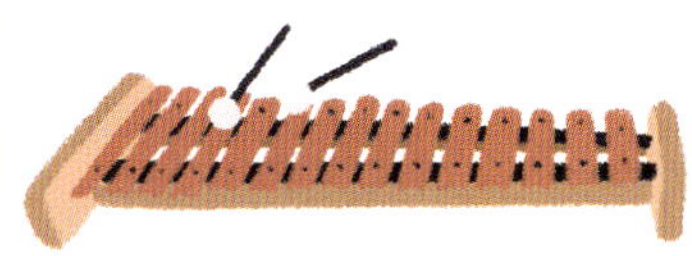

xilofono

guiro

LE USCITE DIDATTICHE

L'USCITA IN PISCINA

Alla scuola dell'infanzia si organizzano anche corsi in piscina per imparare a nuotare come pesci!

La sera si prepara la **borsa** con il costume da bagno, gli occhialini, la cuffia, l'asciugamano...

Sull'autobus si allacciano le cinture... e via, si parte per la **piscina**!

Arrivati in piscina ci si cambia negli **spogliatoi** ripiegando bene i vestiti.

Una **doccia** rapida è obbligatoria prima di entrare in piscina.

Si immergono i **piedi** per sciacquarli e via, pronti per nuotare!

Si deve ascoltare attentamente il **maestro di nuoto** che ci insegna. Se ci sentiamo insicuri è normale: dopo poche lezioni avremo imparato a nuotare!

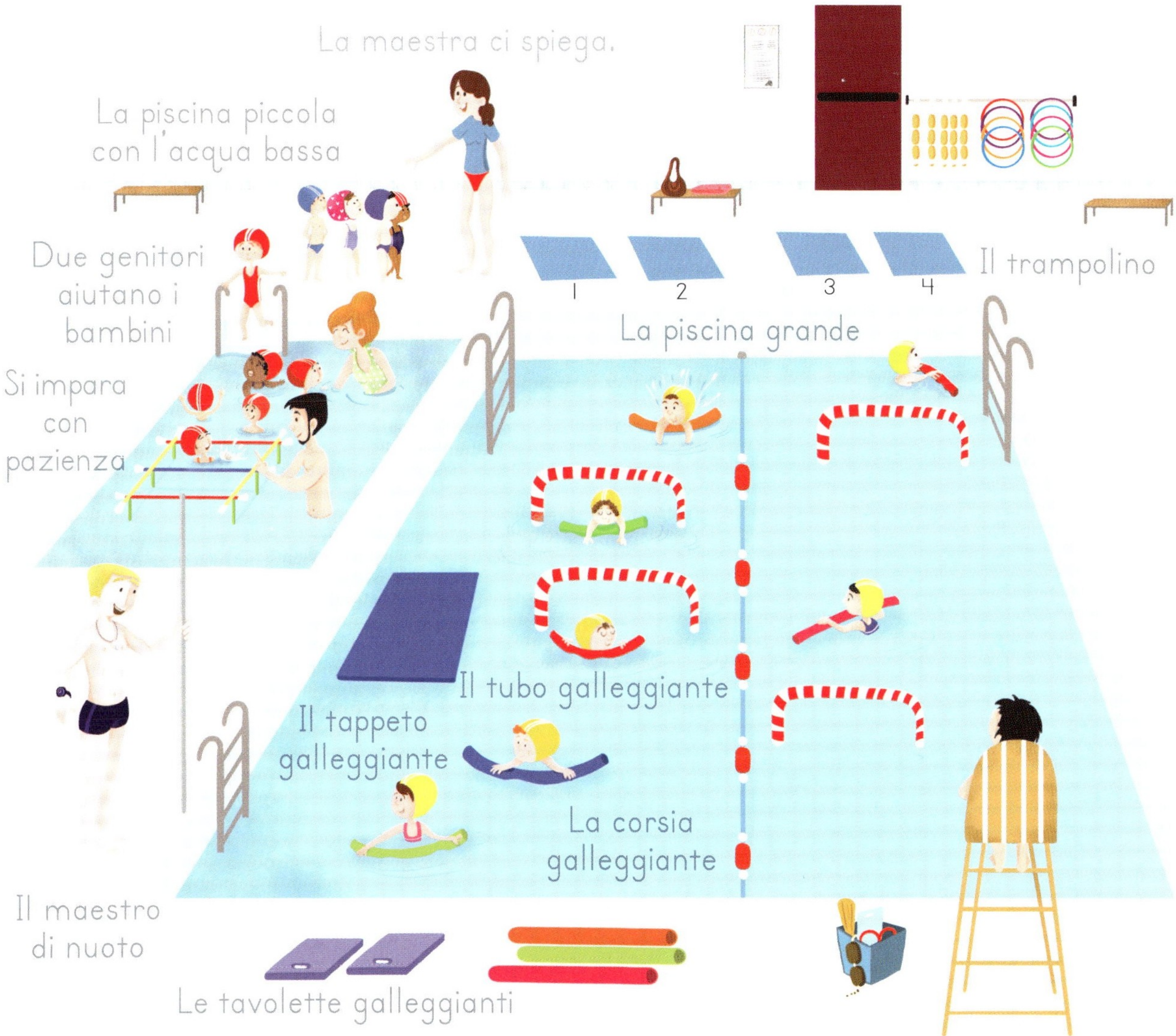

LE REGOLE D'ORO IN PISCINA

Non si corre perché il pavimento è scivoloso.

Non si spinge nessuno in acqua.

Si aspetta il proprio turno per salire la scaletta.

Si ripone l'attrezzatura al termine della lezione.

LA VISITA AL MUSEO

Il museo è un luogo in cui sono esposte opere d'arte: dipinti, sculture... Li scopriamo, li contempliamo e proviamo emozione, meraviglia, stupore!

All'ingresso del museo, una **guida** accoglie la classe e la visita inizia!

In tutti i musei ci sono alcune regole da seguire: non si corre, non si urla e non si **toccano** le opere.

La guida presenta una **scultura** ai bambini. Le sculture possono essere di legno, pietra o metallo.

Inoltre aiuta i bambini a capire i **quadri**, cosa il pittore ha voluto rappresentare.

A due a due, i bambini leggono un piccolo opuscolo che spiega il **percorso** delle opere del museo. È divertente!

Spesso al museo c'è un **laboratorio creativo**: forza piccoli artisti, si lavora!

L'USCITA A TEATRO

Quante emozioni!

Dai un'occhiata a questi bambini e indica chi è triste, chi è felice, chi ha paura e chi è sorpreso.

1. 2. 3. 4.

Risposta: 1=felice, 2=sorpresa, 3=triste, 4=spaventata.

LA FATTORIA DIDATTICA

Ci sono tante cose da scoprire quando si visita la fattoria: dar da mangiare ai conigli, accarezzare gli agnelli, salire sul trattore del contadino... Un vero divertimento per tutti i bambini!

Innanzitutto i **coniglietti.** Diamo loro da mangiare e li accarezziamo.

Le **galline** hanno deposto le uova… e i bambini le raccolgono!

A turno, si sale sul **trattore.** Ed ecco una bella foto ricordo per papà e mamma!

Questo è il momento tanto atteso, il **picnic**: i bambini sono felici!

Anche gli **agnellini** hanno fame. È il momento della pappa… con il biberon!

Prima di lasciare la fattoria, si assaggia il **latte** appena munto dalle mucche. Che bontà!

Scopri a quale animale della fattoria appartiene ciascuna di queste ombre.

1. 2. 3. 4.

Ora divertiti!

Risposte: 1 = la mucca; 2 = la gallina; 3 = il coniglio; 4 = l'oca.

LA GITA CON LA SCUOLA

Una gita al mare, in campagna o in montagna... è sempre un'esperienza fantastica!

Si **parte**! Sarà una giornata di avventura, scoperte e divertimento!

Durante il **viaggio** si canta, si chiacchiera o si dorme. Chi soffre di mal d'auto sta davanti!

Arrivati! ci stavano aspettando e ci **accolgono** con simpatia.

Si fa una **passeggiata** nel bosco: si scoprono piccoli animali, si ascolta, si raccolgono foglie.

È bello sdraiarsi nell'erba e **scoprire** meravigliosi insetti!

All'arrivo mamma e papà ci aspettano. È stata una **bellissima** giornata!

Con le gite si vivono grandi avventure e si impara in modo diverso e divertente!

Pescare i pesci al mare con il retino, osservarli e rimetterli in acqua.

Imparare a sciare in montagna, fare sci di fondo o passeggiare con le racchette

Prendersi cura di un pony e cavalcalo al maneggio

Vestire i panni di un cavaliere e scoprire la vita in un castello nel medioevo.

Scoprire i fantastici paesaggi formati dai vulcani.

Torniamo a casa con tantissimi ricordi di bellissime esperienze!

LE FESTE A SCUOLA

Durante tutto l'anno, la scuola organizza feste che divertono grandi e piccini. È una bella opportunità per riunire l'intera scuola e coinvolgere i genitori.

Per la festa di **carnevale**, costumi e maschere. Se li vuoi bellissimi, la cosa migliore è... farseli!

È il grande giorno! Tutti i bambini sono in **costume**, e lo sono anche le maestre.

Che atmosfera per le strade! I bambini **sfilano** nei loro costumi colorati.

La sfilata attraversa il cortile della scuola. Che **orgoglio** di fronte ai genitori!

Filastrocca di carnevale

Un saluto, a tutti voi;
dite un po' chi siamo noi?
Ci guardate e poi ridete?
Oh, mai più ci conoscete!

Siamo vispe mascherine,
Arlecchini e Colombine,
Noi scherziam senza far male,
Viva, viva il Carnevale!

Alla festa di fine anno, si gioca nel cortile e si fa un grande buffet! È un momento di gioia.

E DOPO?

Dopo le vacanze estive, gli alunni della sezione dei 5 anni vanno alla scuola elementare!

Spesso hanno già visitato le classi con i banchi rivolti verso la lavagna, i libri e i quaderni.

Si imparerà a leggere, a scrivere, e la matematica!

SCUOLE NEL MONDO

In altre parti del mondo, le scuole sono spesso molto diverse dalle nostre.

LUKAS, IL BAMBINO TEDESCO

Lukas vive in Germania. Ogni mattina va a alla **scuola dell'infanzia** per giocare, armeggiare, cantare. Nel pomeriggio, torna a casa.

Lukas ama giocare nella **piscina con palline multicolore** con i suoi compagni e compagne.

Nella scuola dell'infanzia di Lukas si fanno molte uscite. Oggi i bambini visitano un **parco faunistico**!

IMANI, IL BAMBINO KENIOTA

Imani vive in Kenya, un paese in Africa. Indossa **una divisa** e inizia la scuola la mattina presto prendendosi cura degli animali.

Nella classe di Imani, ci sono molti studenti e il **pavimento** è fatto di argilla.

Prima di tornare a casa nel primo pomeriggio, Imani **condivide** il suo pranzo con i compagni.

AIKO, LA BAMBINA GIAPPONESE

Aiko vive a Tokyo, in Giappone. Per lei, il ritorno a scuola si svolge in **primavera**, quando i ciliegi sono in fiore.

A scuola, Aiko impara a suonare la **melodica**, uno strumento a fiato in cui devi soffiare per produrre il suono.

All'ora di pranzo, Aiko mangia il **bento** che le prepara la mamma: riso e verdure con pesce crudo o carne.

NATUK, IL BAMBINO INUIT

Per il suo primo giorno di scuola, Natuk e i suoi amici indossano il bellissimo **abito tradizionale** ricamato.

In inverno fa molto freddo, e difficilmente si vede la luce del giorno. Natuk è ben coperto per il viaggio in **motoslitta**.

In classe, i bambini imparano una canzone al suono del **qilaut**, il tamburo tradizionale.

ANDIAMO A SCUOLA!

In Africa a **piedi**, e quanti chilometri!

Con il **risciò** in India

A **cavallo** nelle pampas in Argentina

Con la **piroga** in Vietnam

INDICE DELLE PAROLE

P

R

S

T

U

V

W

TESTI DI

Agnès Besson

ILLUSTRAZIONI DI

Scopri la scuola: Lucile Ahrweiller
Una giornata di scuola (p. 20-33): Francois Foyard
Una giornata di scuola (p. 34-43): Rebecca Galera
A scuola con gli altri bambini: Gaelle Berthelet
Crescere e imparare: Sophie Verhille
Le uscite didattiche: Chadia Lueslati

DoReMi è un marchio EDICART Style
Via Jucker, 28 - Legnano (MI) - Italia
Titolo originale: *L'encyclopédie des petits La maternelle*
Traduzione dal francese di *Bradamante*
Consulenza metodologico - didattica di *Francesca Alonge*

www.edicart.it